NOTE

Pour M. DUBUISSON

AFFAIRE RASPAIL

PARIS

DUBUISSON ET C⁰, IMPRIMEUR BREVETÉ

5, RUE COQ-HÉRON, 5

—

1876

NOTE

Pour M. DUBUISSON

AFFAIRE RASPAIL

Avant d'aborder la question de responsabilité qui devrait atteindre M. Dubuisson pour l'impression de la brochure de M. Xavier Raspail, il est indispensable de rappeler succinctement dans quelles circonstances M. Dubuisson a été amené à accepter cette impression.

Il y a deux mois environ, M. Raspail se présenta à M. Dubuisson pour l'impression d'une brochure, ayant pour titre : *De la Nécessité de l'Amnistie.*

M. Dubuisson pensa qu'il s'agissait d'imprimer, sous forme de brochure, le discours que M. Raspail père avait

prononcé à la Chambre des députes; il n'hésita **pas à**
accepter ce travail et mit en relation **M.** Raspail fils avec
le prote de l'imprimerie.

Cette demande de M. Raspail fils de le charger de
l'impression de cette brochure s'expliquait facilement à
M. Dubuisson qui avait, quelques mois auparavant, imprimé les affiches électorales de MM. Raspail père et fils,
actuellement députés.

Après des explications données à M. Raspail fils par
le prote relativement au prix d'impression, **M.** Raspail se
retira en emportant son manuscrit; ce ne fut que quelque temps après que M. Raspail rapporta son manuscrit
et cette fois s'adressa directement au prote de l'imprimerie. Le travail fut fait et livré.

M. Dubuisson n'avait nullement arrêté son attention
sur cette affaire, qui s'était réglée entre le prote et **M. Ras-**
pail, suivant les usages de l'imprimerie, lorsque **M.** Bé-
rillon, commissaire de police, porteur d'un mandat de
M. le juge d'instruction, se présenta à son bureau pour
procéder à la saisie des exemplaires de cette brochure ;
c'est alors, et alors seulement, qu'il apprit que la brochure était l'œuvre de M. Raspail fils et non de son père.

M. Dubuisson eût-il su que la brochure était de M. Raspail fils, il n'aurait pas hésité à l'imprimer, toujours dans
la persuasion que cette brochure n'était que la reproduc-
tion des faits énoncés à la Chambre dans le discours de
M. Raspail père.

A la nouvelle de la poursuite dont cette brochure était
l'objet, **M.** Dubuisson se renseigna auprès du prote.
Celui-ci lui répondit que cette brochure avait été lue et
qu'on n'avait rien vu qui pût être incriminé ; c'était, lui
a-t-on dit, l'histoire appliquée aux faits contemporains

et qui avait pour principal objectif cette pensée intime de beaucoup d'hommes d'ordre et amis de leur pays, qui voient dans l'amnistie une œuvre d'apaisement et un appel à la concorde et à la paix, tandis que chaque jour une polémique déplorable s'efforce de perpétuer les haines et d'entretenir la discorde en faisant un appel incessant aux rigueurs et aux persécutions. La brochure de M. Raspail lui parut avoir été dictée par de meilleurs sentiments.

Les faits ainsi expliqués, nous arrivons à l'appréciation juridique de la responsabilité qui peut être encourue par M. Dubuisson comme imprimeur.

Plus d'une fois, M. Dubuisson a été dans la dure nécessité de combattre de semblables préventions, il lui faut encore aujourd'hui revenir sur les mêmes questions ; il le fera aussi brièvement que possible et se bornera au résumé des diverses phases qui se sont succédé relativement à la responsabilité de l'imprimeur en matière de presse.

Nous ne rappellerons ici que les dispositions législatives qui datent de 1814. La charte avait proclamé la liberté de la presse, et une loi du 21 octobre régla les conditions de cette liberté : l'imprimeur pouvait être poursuivi en même temps que l'auteur, toutefois la loi lui donnait le moyen de s'exonérer de toute poursuite : « L'imprimeur, disait l'art. 10, pouvait requérir que « l'écrit fût examiné par la direction générale de la librai- « rie, et si le livre était approuvé il était relevé de toute « poursuite, alors même que plus tard on aurait découvert « un délit. »

La censure existait alors et son action était provoquée par une censure préalable, celle de l'imprimeur.

Cet état de choses fut modifié en 1819. Ce fut une époque où la liberté de la presse eût un semblant de vérité; c'est ce qui résulte des lois de cette époque; ces lois punissaient les auteurs d'écrits qui présentaient un caractère délictueux, et ce ne fut qu'après une discussion très-vive que la Chambre des députés vota l'art. 24 de la loi du 17 mai 1819, qui déclare « que les imprimeurs d'écrits « dont les auteurs seraient mis en jugement en vertu de « la présente loi et qui auraient rempli les formalités « prescrites par la loi du 21 octobre (déclaration, dépôt, « etc.) ne pourraient être recherchés *pour le simple fait* « *d'impression* de ces écrits, à moins qu'ils n'aient agi « *sciemment*. »

Le décret organique du 17 février 1852 ne modifia en rien cette disposition législative, qui fut toujours appliquée.

En 1868, lorsqu'il s'agit d'apporter des modifications au décret de février 1852, une discussion très-vive s'engagea sur la question de la responsabilité de l'imprimeur.

Nous croyons utile d'emprunter au compte rendu publié dans le *Journal officiel* une partie de la discussion à l'Assemblée nationale.

. . . .

M. Jules Simon, aujourd'hui ministre de l'instruction publique, d'accord avec plusieurs de ses collègues, présenta un amendement qui se résume ainsi : « Ne pas mettre en cause simultanément pour un même délit l'auteur et l'imprimeur, mais l'auteur quand il est connu ; à défaut de l'auteur, l'éditeur, et à défaut de l'auteur et de l'éditeur, l'imprimeur, *mais dans ce cas seulement.* »

Après des considérations générales sur les poursuites en matière de presse et le but que doit se proposer la loi, d'atteindre et de frapper le vrai, le seul coupable, l'orateur dit qu'il faut effacer de la loi française cette triste, cette honteuse mesure qui place à côté de l'auteur principal des hommes qui sont de faux complices, de faux coupables, dont la culpabilité est une pure fiction ; il continue ainsi :

« Je dis que l'imprimeur est complice factice, un complice créé par la loi, que ce n'est pas un complice réel. Et il est évident que ce n'est pas un complice réel ; vous n'avez, pour vous en convaincre, qu'à considérer la situation dans laquelle se trouvent les imprimeurs. Si on donne suite à la proposition de la commission et que l'usage prévaille d'avoir un imprimeur pour chaque journal, — un seul imprimeur pour un seul journal, vous pourrez, à la rigueur, imaginer que l'imprimeur lira tous les jours, après le rédacteur en chef, le journal qu'il doit imprimer ; — cette supposition ferait sourire quiconque sait ce que c'est qu'un journal, et ce que peut y être la situation d'un imprimeur, d'un simple propriétaire de caractères et de presses d'imprimerie ; — mais enfin, il n'y aura pas impossibilité physique, dans ce cas, à ce que l'imprimeur lise ce journal et se rende compte des articles qu'il contient.

« Dans la vérité des choses, tout ce passe bien différemment. Dans la rue Coq-Héron, existe une imprimerie, qui est, je crois, celle de M. Dubuisson, dans laquelle on imprime je ne sais pas au juste combien de journaux.

« M. ADOLPHE GUÉROULT. — Dix ou douze.

« M. JULES SIMON. — Dix ou douze. Le propriétaire de cette imprimerie doit faire composer ces dix ou douze journaux dans le même moment de la journée ; de sorte que plusieurs centaines d'ouvriers sont occupés simultanément à composer un nombre infini de feuillets. Existe-t-il, je vous le demande, une intelligence humaine qui puisse se débrouiller au milieu de cette quantité d'idées ? une horloge qui permette à un même homme, dans l'espace de cinq ou six heures, de lire dix ou douze journaux, depuis la première ligne jusqu'à la dernière ?

« A moins de réaliser de tels miracles, il faut convenir que ce complice, imaginé et créé par vous, non-seulement n'est pas un complice, mais ne pourrait l'être quand il le voudrait. Sait-il seulement d'une manière générale ce que ces douze journaux contiennent? Est-ce que c'est son métier ? Son métier est-il d'être un homme instruit, sachant la politique, connaissant jusqu'aux matières religieuses, qui sont bien autrement délicates et épineuses que les matières politiques? Vous savez bien que non. Son métier est de savoir ce que c'est que des caractères d'imprimerie, qu'une machine à imprimer, de bien diriger ses ouvriers, de les payer convenablement, d'établir une bonne police dans ses ateliers et de faire faire des corrections exactes.

. . . .

« *Ainsi, il n'a ni le temps, ni la compétence, ni la possibilité d'être complice ;* donc il ne l'est pas, ou il ne l'est que par une fiction légale, ce qui est déplorable, songez-y ; pesez la valeur de ces deux mots : un coupable de par la loi, qui est parfaitement et nécessairement innocent! »

Après avoir rappelé toutes les pénalités auxquelles sont exposés les imprimeurs, pour manquements professionnels, l'orateur ajoute :

« Lors de la discussion de la loi de 1819, il se trouva parmi les membres de l'opposition des hommes qui furent indignés de cette pénalité sans motif et sans mesure, et qui, appartenant aux lettres françaises et les honorant par leurs écrits, se crurent obligés de lutter avec une énergie indomptable pour arracher à la Chambre de 1819 une atténuation à cette loi déplorable. C'est à Benjamin Constant qu'en revient surtout l'honneur ; toutefois, on ne céda pas complétement à ses objurgations. L'article 24 fut tout ce qu'on accorda à ses raisons, à son éloquence. »

« On voulut bien admettre que l'imprimeur ne serait coupable que s'il avait agi *sciemment.* »

M. Jules Simon continue :

« Lorsque la Belgique fit sa constitution, après la révolution de 1830, on remit en délibération les lois sur la presse, parce que toutes les fois qu'un peuple fait une révolution, parmi les lois les plus sacrées que les vainqueurs inscrivent sur la première feuille de papier qui leur tombe sous la main en déposant le mousquet, ils ne manquent pas d'y mettre les droits de la pensée, c'est-à-dire les lois de la presse. Les États généraux de Belgique examinèrent la loi française, et leur premier désir, comme leur premier devoir, fut de l'abroger complétement. Quand ils en vinrent à la question dont je parle, ceux qui voulaient conserver la responsabilité des imprimeurs ne manquèrent pas d'invoquer cet article 24, c'est-à-dire le mot *sciemment* qui s'y trouve. Mais alors presque toutes les voix s'élevèrent pour dire que c'était là une égide insuffisante, que le mot *sciemment,* donnant lieu à des interprétations faites trop souvent par esprit de parti, n'était pas une protection pour l'instrument de la pensée, et que, si on voulait la pensée libre, il fallait lui donner un instrument indifférent, comme la condition de la liberté. »

Par une conséquence logique, l'article fut rejeté et remplacé par une disposition nette, formelle, précise, que voici : « *Jamais l'imprimeur n'est responsable de ce qu'il* « *imprime.* » (Marques d'approbation à la gauche de l'orateur.)

Dans la même séance du 13 février, M. Paul Dupont, député, s'exprime ainsi à la tribune française :

« Il n'est jamais entré dans la pensée de personne de contester que le complice doive être puni à l'égal du coupable ; mais encore faut-il qu'il y ait un complice et que la complicité soit bien avérée.

« Eh bien ! dans plusieurs cas, l'imprimeur peut n'être pas complice ; en deux mots, voici pourquoi. On a introduit dans la loi de 1819 le mot *sciemment,* mot élastique qui mettait l'imprimeur purement et simplement à la merci du juge. Depuis cette époque, l'imprimeur sage, qui a voulu éviter des condamnations, a dû établir un véritable censeur ; j'en ai un chez moi depuis quarante ans. Il examine tous les livres qui sont apportés, et il les refuse ou les accepte suivant le degré de pénalité que pourrait entraîner l'impression. Mais il y a des cas où cette censure est très-difficile. Il y a tel imprimeur qui noircit par jour 500 rames de papier, ce qui représente 250,000 feuilles. Ces 250,000 feuilles sont réparties sur un grand nombre d'ouvrages, et comment voulez-vous qu'un imprimeur ou un censeur en ait connaissance ?

« Mais où cela est véritablement impossible, c'est dans l'impression des journaux du soir. En effet, dans les trente dernières minutes qui précèdent la mise en vente d'un journal du soir, il faut que l'auteur rédige son article, il faut que, ligne par ligne, cet article soit envoyé aux compositeurs, mis sous presse, imprimé, et que le journal tiré par les mécaniques soit mis en vente.

« Je le demande, est-il matériellement possible que l'imprimeur connaisse les dix ou douze journaux qui sont ainsi écrits, composés, tirés et mis en vente dans une demi-heure ?

« Toutes les fois que l'on condamne l'imprimeur d'un journal du soir, je crois, en mon âme et conscience, malgré tout mon respect pour les lois existantes, qu'on fait un acte inique. Mieux vaudrait, à mon sens, dire aux imprimeurs : « Il vous « est défendu d'imprimer des journaux. » Ils sauraient du moins à quoi s'en tenir.

« Je me rallie donc à l'opinion que vient d'exprimer notre honorable collègue, M. Jules Simon.» (Approbation sur plusieurs bancs.)

« M. LE COMMISSAIRE DU GOUVERNEMENT. — Je demande la permission de faire une courte réponse aux observations que vous venez d'entendre.

« Tout ce que vient de dire l'honorable M. Paul Dupont peut être vrai, et je n'ai pas à le contester. Si les circonstances qu'il vient d'énumérer se rencontrent, elles seront utilement invoquées comme moyens de défense devant les juges chargés de prononcer. (Exclamations à la gauche de la tribune.)

« Certainement, lorsque l'imprimeur aura démontré qu'il lui a été impossible de lire et de connaître l'article ou les articles contenus dans le journal sorti de ses presses, il y aura, et cela est arrivé plus d'une fois, il y aura acquittement, ou plutôt, dans de pareils cas, il n'y aura point de poursuite. (Mouvements divers.)

« M. LE PRÉSIDENT SCHNEIDER. — La parole est à M. Guéroult.

« M. ADOLPHE GUÉROULT. — J'en demande bien pardon à l'honorable commissaire du gouvernement ; mais toutes les fois que l'imprimeur a pu démontrer qu'il ignorait ce qui était imprimé chez lui, il n'a pas été acquitté pour cela, et je vais vous en donner un exemple irrécusable.

« Un imprimeur de Paris, celui-là même dont on a parlé il y a quelques instants, et qui imprime douze journaux chez lui, M. Dubuisson, est appelé à Montpellier pour un procès que doit subir l'un des journaux qu'il imprime. Pendant qu'il est à Montpellier, on poursuit à Paris l'un des autres journaux imprimés chez lui ; l'imprimeur n'était pas à Paris ; il lui était donc matériellement impossible de lire ce que contenait le journal poursuivi.

« M. LE COMMISSAIRE DU GOUVERNEMENT. — Il a été poursuivi, mais a-t-il été condamné ?

« M. ADOLPHE GUÉROULT. — Il a été condamné ! » (Mouvement.)

Quoi qu'il en soit, l'art. 24 de la loi du 17 mai 1819 ne fut pas rapporté, et les tribunaux ont continué à l'appliquer.

Ici se place une nouvelle question que soulève la loi de 1871, qui a proclamé la *liberté de l'imprimerie*. La loi de 1819 comme celle de 1868 ont été rendues sous l'empire des lois sur l'imprimerie qui établissaient un monopole ;

l'imprimeur devait être breveté et assermenté, et des infractions professionnelles ou des condamnations pénales entraînaient pour lui la perte de son brevet ; on peut donc dire que l'imprimeur revêtait en quelque sorte un caractère public officiel, et qui permettait au gouvernement d'attendre de lui une surveillance préventive sur les œuvres qu'il imprimait, et le rendre responsable des délits qui s'y trouvaient.

Aujourd'hui, avec la liberté de l'imprimerie, la situation n'est plus la même, l'imprimeur a perdu avec son privilége le caractère quasi-officiel qu'il lui empruntait ; il est devenu un simple industriel qui loue des caractères, des presses et des hommes pour composer ; il n'a plus rien à voir dans les écrits qui sortent de ses ateliers ; du moment qu'il connaît l'auteur, qu'il l'a fait connaître à l'autorité, qu'il a déclaré le nombre d'exemplaires qu'il s'était chargé de fournir, qu'il en a fait le dépôt, il est relevé de toute responsabilité. Cet argument peut se résumer ainsi : quand l'imprimeur avait un privilége, le gouvernement qui le lui accordait avait jusqu'à un certain point le droit de lui imposer des obligations qui pouvaient le constituer passible de peines édictées par les lois, s'il ne satisfaisait pas à ces obligations ; ce privilége créait la responsabilité ; le privilége retiré, la responsabilité disparaît

Le législateur paraît tellement avoir compris cette nouvelle situation faite à l'imprimeur par suite de la loi qui a aboli ce privilége, que dans la loi de 1875 il ne reproduit pas la disposition de la loi du 17 mai 1819, et ne parle plus de la responsabilité de l'imprimeur.

Est-ce à dire qu'un imprimeur devrait être affranchi de toute responsabilité ? Non, cela serait absurbe ; mais dans quelles circonstances cette responsabilité sera-t-elle encourue ? C'est lorsque le ministère public rapportera contre l'imprimeur les faits de complicité tels qu'ils sont énumérés dans l'art. 60 du Code pénal qui porte : « Seront punis comme complices ceux qui auront *avec connaissance* aidé ou assisté l'auteur ou les auteurs de l'action, dans les faits qui l'auront préparée ou facilitée. »

Ce qui signifie : l'imprimeur sera responsable si après avoir pris *connaissance* de l'œuvre, il en a discuté les divers points, a demandé des modifications, y a ajouté ses réflexions, en un mot, s'il s'est associé à l'œuvre et y a *intentionnellement* coopéré ; ces circonstances établissent la complicité, le ministère public doit les relever, les signaler à la justice afin de mettre l'imprimeur à même de les combattre et de se justifier; jusque-là, on ne peut le considérer comme complice, la loi ayant déclaré que le fait de l'impression ne peut constituer la responsabilité si réellement l'imprimeur a rempli les formalités prescrites par les lois professionnelles. Ce n'est donc pas sans surprise que nous avons lu dans le jugement qui est frappé d'opposition , « que M. Dubuisson s'est rendu « *complice* des délits reprochés à M. Raspail par *aide*, « *assistance et par moyens fournis pour les commettre* en IMPRIMANT *sciemment*.

Ainsi le tribunal, contrairement à la loi, déclare que le fait de l'impression constitue le délit lorsqu'elle dit formellement : « Les imprimeurs d'écrits dont les au- « teurs seraient mis en jugement et qui n'auraient pas « rempli les formalités prescrites par la loi du 21 oc- « tobre 1814, *ne pourront être recherchés pour le simple* « *fait* D'IMPRESSION *de ces écrits*. »

Le jugement ajoute, il est vrai, que M. Dubuisson a

imprimé *sciemment* l'écrit pour qu'il fût publié. Mais le tribunal, pour résoudre la difficulté, juge la question par la question.

Comment établit-on qu'il a agi *sciemment* ? Par ce qu'il a *imprimé*, dit le tribunal, esquivant ici l'obligation imposée au ministère public de prouver que c'est *avec connaissance* de l'écrit coupable, en supposant qu'il le fût, que M. Dubuisson a loué ses presses. Nous continuerions cette discussion indéfiniment, si nous nous renfermions dans l'examen de l'argument que le tribunal a jeté dans son jugement pour éviter l'examen de la question que la loi l'obligeait à résoudre : Où est la preuve que M. Dubuisson a eu *connaissance* de l'écrit ? Sur ce point, le ministère public reste muet,

Imitant de Conrad le silence prudent.

En nous résumant sur ce point, nous disons : *l'imprimeur n'est pas obligé de lire ce qu'il imprime*, aucun texte de loi ne lui impose cette obligation. On pouvait peut-être se montrer plus sévère à son égard lorsqu'il avait le bénéfice du privilége et lui imposer alors une responsabilité relative ; mais le jour où la loi lui a enlevé ce privilége, où il est devenu un simple industriel qui loue sa chose, ce jour-là, plus que jamais, la responsabilité disparaît.

La loi commune le place, sans doute, sous son application comme tous les citoyens, il peut être déclaré complice d'un délit résultant d'un écrit sortant de ses presses, mais il faut que l'on prouve *qu'il a aidé et assisté* le coupable avec *connaissance*. Preuve que le ministère public n'offre même pas.

Après ces observations toutes juridiques, nous n'en-

trerons pas dans l'examen de la brochure de M. Raspail ;
il n'appartient pas à M. Dubuisson, soit de la **défendre,**
soit de la combattre, ce soin appartient à l'auteur seul qui
a qualité pour présenter sa justification. Nous devons
cependant rappeler ce que nous avons dit au début de
cette note. M. Dubuisson n'a pas lu la brochure, lorsqu'elle lui fut apportée, cette lecture fut faite par le cor-
recteur préposé à la réception des manuscrits, il n'a rien
signalé à M. Dubuisson parce qu'il n'a rien remarqué qui
lui parût coupable, il n'a vu dans la brochure de M. Raspail qu'une œuvre historique, suite des débats qui
avaient eu lieu dans les Chambres, dont elle présentait
le résumé en l'appuyant d'articles publiés à l'époque
douloureuse de la Commune et lors de l'enquête par-
lementaire qui a eu lieu. Il y a souvent rencontré
des phrases qui flétrissaient les incendies, les assas-
sinats et l'exécution des otages; l'auteur croyait que
le moment était venu de proclamer l'oubli et le pardon
sur tous ces malheurs et de rendre à leurs familles ceux
qui avaient pu être entraînés dans cette guerre fratricide.
Le lecteur de la brochure n'a pas vu dans cet écrit *l'apologie de crimes ou délits*. L'apologie eut été la justification de ces crimes et de ces délits, et loin de les justifier il
y a vu au contraire, non-seulement le blâme, mais la
condamnation et la flétrissure.

L'auteur lui-même a pris soin de protester dans une
lettre adressée à M. le ministre de la justice.

Voici dans quels termes il s'efforce de justifier son
écrit :

. . . .

. . . .

« Si j'ai bien compris — par les citations que M. le

juge d'instruction Ragon a bien voulu me signaler — en fait d'apologie j'aurais fait celle des insurrections et des actes qui se traduisirent par le massacre des otages.

Examinons. Les insurrections ? Ah ! monsieur, je me suis prononcé tant de fois à ce sujet qu'il me suffit d'ouvrir au hasard mon livre pour y rencontrer les passages suivants :

« Aujourd'hui que la guerre civile, A JAMAIS EXÉCRÉE, ne « doit plus revenir. » (Page 14.)

Autre :

« On objectera, avec raison, que les citoyens qui s'insur- « gent contre le gouvernement établi de leur pays sont pas- « sibles des rigueurs de la loi ; nulle contestation à ce sujet. « Nous ajouterons même que le CRIME EST D'AUTANT PLUS « GRAND que, depuis l'avénement du suffrage universel, c'est « par l'arme pacifique et moralisatrice du bulletin de vote que « l'on doit combattre pour le triomphe de sa cause. » (Page 122.)

Maintenant, ai-je cherché à disculper les communeux (*d'où apologie*) du massacre des otages ?

Prenons encore au hasard :

« Dans le cataclysme des derniers jours de la Commune, « soixante-quatre otages ont été ODIEUSEMENT ASSASSINÉS. » (Page 9.)

Autre :

« Comment a-t-on répondu à ce crime abominable ? » (Page 10.)

Autre :

« L'opinion qui prévaut encore est que les exécutions som-

« maires ont été motivées par suite de l'indignation et de la
« LÉGITIME HORREUR qu'avaient causées les incendies et le
« massacre des otages. » (Page 131.)

Autre :

« CES CRIMES ODIEUX, au contraire, sont venus, nous som-
« mes presque tenté de dire à point nommé, faire tolérer et
« même excuser cette mise à mort de 17,000 personnes, en
« dehors de toute action de la justice. » (Page 132.)

J'aurais fait l'apologie des hommes de la Commune ?
Réponse :

« On a vu l'insurrection du 18 mars naître pour ainsi dire
« de l'abandon absolu de Paris, puis au bout de quelques
« jours elle ne peut déjà plus vivre, elle est condamnée à dis-
« paraître d'elle-même faute d'argent ; qu'à cela ne tienne, un
« sous-gouverneur de la Banque de France lui donne des
« millions. Elle peut ainsi s'organiser et pendant deux mois
« elle reste maîtresse de Paris sous le nom de Commune ; elle
« se traîne de turpitude en turpitude sous la direction hété-
« rogène de misérables agents occultes, d'imbéciles vaniteux
« que flattent les oripeaux, d'intrigants sans principe et de
« quelques hommes de bonne foi, mais égarés dans ce
« gâchis. » (Page 126.)

J'arrive au second chef d'accusation : injures à l'armée !

Vous n'ignorez pas, Monsieur le ministre, comment
la presse de mauvaise foi a exploité tout récemment ce
thème, dans le dessein d'exciter l'armée contre les répu-
blicains, aujourd'hui l'immense majorité de la nation.

Je réponds à cela, page 128 :

« Il ne nous appartient pas, pour le moment, de faire l'his-
« torique de la façon avec laquelle on a procédé à la réorga-
« nisation de l'armée de Versailles pour combattre l'insurrec-
« tion parisienne ; mais néanmoins nous conservons la con-

« viction que la majorité de cette armée est RESTÉE L'ARMÉE
« FRANÇAISE, C'EST-A-DIRE BRAVE, ARDENTE DANS LE COMBAT,
« mais incapable de ternir sa victoire par des excès qui ne
« sont pas l'apanage du courage. »

Ailleurs :

« Le 24 mai, dans la matinée, après la prise des barricades
« de la Croix-Rouge, le 39ᵉ régiment de ligne poursuit brave-
« ment en avant pour aller attaquer le quartier du Panthéon ;
« il passe place Saint-Sulpice, devant le séminaire, sur l'en-
« trée duquel flotte le drapeau rouge ; une ambulance y est
« établie, qui renferme près de trois cents blessés fédérés. Un
« lieutenant, à la tète de quelques hommes, se détache de la
« colonne, entre au séminaire, et, pendant qu'il fait abattre
« le drapeau rouge, il cause avec MM. les docteurs Faneau et
« de Franco, chirurgiens de l'ambulance ; cet officier est noir
« de poudre, ses vêtements sont déchirés en maints endroits,
« couverts de poussière, tout indique l'homme qui vient de
« faire bravement son devoir au premier rang ; sur les ins-
« tances des chirurgiens, il accepte de se rafraîchir, puis,
« leur serrant la main, il part à la tête de ses hommes affron-
« ter de nouveaux dangers. »

Veut-on prétendre que j'outrage l'armée en rappelant
les actes regrettables commis par certains officiers ? Per-
mettez-moi de vous faire remarquer qu'on ne nie pas la
pureté du froment en signalant parmi lui la présence de
l'ivraie, et que les conseils de guerre, en citant à leur
barre des officiers-payeurs infidèles, ne portent pas
atteinte à la considération de l'armée par les justes
condamnations dont ils frappent ces hommes défaillant
à l'honneur.

Je me résume, Monsieur le ministre. Mon livre est ce
qu'il restera, une œuvre dont le but a été de prouver la
nécessité de l'amnistie, en démontrant sur des documents
non discutés, que, « dans CETTE AFFREUSE GUERRE CIVILE,

il n'y a pas eu seulement des vainqueurs et des vaincus, et parmi ces derniers des coupables, de grands criminels plus ou moins légalement frappés, qu'il y a eu encore des victimes, de trop nombreuses victimes.

Je concluais et je conclus que « tout cela commandait l'oubli, c'es¹-à-dire l'amnistie, seul moyen d'atteindre ce résultat salutaire : le pardon réciproque des souvenirs.»

Veuillez recevoir,Monsieurleministre, l'assurance,etc

XAVIER RASPAIL.

Arcueil-Cachan, le 15 septembre 1876.

Cette protestation de M. Raspail est la justification du lecteur que M. Dubuisson avait chargé de lire et d'examiner cette œuvre. Il n'a pu y voir l'apologie de crimes ou délits, puisque l'auteur se défend de cette accusation et fait connaître la pureté de ses intentions ; quant aux délits d'outrages et d'insultes à l'armée, il repousse également cette accusation.

En matière d'interprétation, il ne faut pas être exclusif et il faut comprendre qu'il est permis à chacun de faire connaître son opinion, qui peut être erronée, mais qui est respectable si elle prend sa source dans la conscience. Non, l'examinateur de la brochure n'a pas vu l'*apologie* des crimes de la Commune. Nulle part, il n'a vu que M. Raspail cherchât à les *justifier ;* les expliquer peut-être, mais les *justifier*, jamais.

Ici se place un épisode de la Commune dans lequel

M. Dubuisson a été victime ; nous l'empruntons à un ouvrage intitulé *Paris insurgé*. On y verra quelles ont été les persécutions dont M. Dubuisson a été l'objet et l'on se demandera la main sur la conscience s'il pouvait laisser sortir de ses presses un écrit faisant l'*apologie* de faits coupables dont personnellement il avait été victime.

Nous laissons la parole à l'auteur de *Paris insurgé*.

ARRESTATIONS ET PERQUISITIONS

Dans l'après-midi du 20 avril 1871, les gardes nationaux de la Commune se sont présentés à l'imprimerie Dubuisson pour s'opposer à l'impression du *Bien public* et de l'*Opinion nationale*.

Les portes de l'imprimerie ont été occupées militairement du côté de la rue Coq-Héron et du côté de la rue d'Argout. Pendant plus de deux heures, les personnes même étrangères à la maison ont été de la sorte retenues prisonnières.

Un commissaire de police, suivi d'un piquet de quatre hommes, s'est transporté dans le bureau de M. Dubuisson, où il est resté assez longtemps en conférence.

Pendant ce temps-là le *Bien public* et l'*Opinion nationale* qui étaient déjà sous presse, continuaient à s'imprimer. Les marchands achetaient et payaient les numéros dont ils avaient besoin. Mais la plupart d'entre eux étaient arrêtés aux portes de sortie par les factionnaires. Quelques gamins cependant, plus prestes que les autres, des gamins de génie assurément, parvenaient à s'échapper avec le fruit défendu.

A un certain moment on entend, au détour de la rue Coquillière, la voix goguenarde d'un enfant de quinze ans pousser ce cri terrible : « *Le Bien public !* » Les gardes nationaux en frémissent. On court vers le hardi contrebandier, on l'attrape et on lui enlève sa fraude.

Dans un groupe, nous entendons : « Ah ! l'*Opinion nationale !* très-bien ! les jésuites ont leur tour ! » M. Sauvestre sera sans doute aussi étonné que nous d'apprendre qu'il est un jésuite.

Pendant ces épisodes, le commissaire de police achève de s'expliquer, dans le cabinet de M. Dubuisson, et l'ordre d'arrêter le tirage des deux journaux est transmis aux imprimeurs.

Les formes sont remontées dans les ateliers.

M. Pilotell, qui s'est montré dans l'imprimerie, paraissait présider aux opérations. Il avait une cravate rouge et fumait, si nous ne nous trompons, un londrès ; puis il est reparti en calèche découverte.

Vers onze heures de la nuit, lorsque toute la maison rentrait dans le repos, une nouvelle escouade de gardes nationaux arrive.

Elle se transporte dans les ateliers du *Bien public*, de l'*Opinion nationale* et du *Soir*. On met en *pâte*, comme disent les typographes, la composition de ces trois journaux. Mettre en pâte la composition d'un journal, c'est mêler et embrouiller d'une façon inextricable les milliers de caractères dont se compose une feuille d'impression. Il devient alors impossible de se reconnaître dans ce chaos. Les caractères sont bons à jeter à la fonte.

Pendant qu'on faisait ce bel ouvrage, un commissaire

de police, suivi de quelques hommes, se transporte à l'appartement particulier de M. Dubuisson. Sommation est faite d'ouvrir « au nom du peuple français. » On vient arrêter M. Dubuisson. Mme Dubuisson répond que son mari est absent; les gardes nationaux se retirent. Mais la comédie devait avoir un quatrième acte.

Vers onze heures et demie, les délégués de la Commune reviennent et vont frapper de nouveau à l'appartement particulier de l'imprimeur. Mme Dubuisson et ses gens s'étaient remis au lit. On frappe violemment, et comme la porte tarde à s'ouvrir, on l'enfonce. Mme Dubuisson, qui s'est relevée, déclare encore une fois que son mari est absent. On fouille sans succès l'appartement.

Les gardes nationaux s'en vont enfin pour ne plus reparaître, mais non sans jeter au concierge, en passant devant sa loge, cet adieu plein de promesses : « Savez-vous qu'on pourrait bien vous arrêter vous-même ? »

(Le journal de Paris.)

Tous ces faits sont de notoriété publique, et alors même que les arguments juridiques produits par M. Dubuisson pour sa défense ne frapperaient pas les magistrats et n'éclaireraient pas leur conscience, ils suffiraient à eux seuls pour démontrer à tous ceux qui ont le sentiment du juste, que M. Dubuisson n'a pu *faire sciemment l'apologie* de crimes dont il a été *personnellement* victime. Ils démontrent d'une manière irréfragable la *bonne foi* de M. Dubuisson. La condamnation prononcée par défaut contre lui ne saurait donc être maintenue.

NOTE SUPPLÉMENTAIRE

AFFAIRE RASPAIL

Nous avons fait remarquer que dans la loi de 1875 sur la presse, il n'est plus question de l'imprimeur, on ne le nomme pas une seule fois, la loi parle seulement du *complice* de l'auteur de l'écrit poursuivi, et rappelle à son égard les dispositions du Code pénal sur la complicité, aide, assistance, etc.

Il est de règle, et la jurisprudence a toujours confirmé cette règle, c'est que la preuve de la complicité incombe au plaignant ; ici c'est le ministère public qui poursuit, prouve-t-il la complicité de M. Dubuisson ? En aucune façon, et, ainsi que nous l'avons dit, il n'offre même pas cette preuve.

Le parquet paraît cependant avoir cherché cette preuve, puisqu'il a fait appeler dans l'enquête ouverte par M. le juge d'instruction, le prote de l'imprimerie ; il a dû s'informer auprès de lui dans quelle mesure M. Dubuisson s'était associé à l'œuvre de M. Raspail ; est-il résulté de cette enquête quelque charge à l'appui de la prévention de complicité contre M. Dubuisson ? S'il en est ainsi, pourquoi le jugement ne relève-t-il pas les preuves de complicité, et se borne-t-il à dire qu'il est cou-

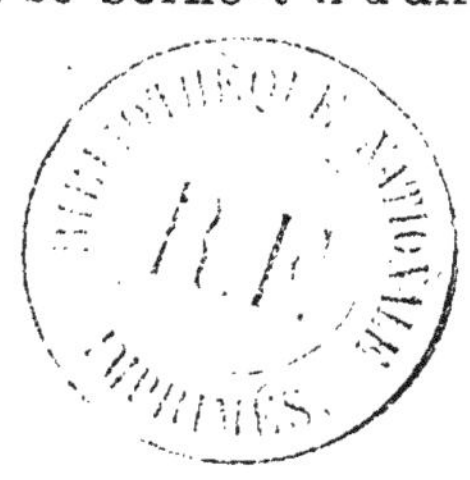

pable puisqu'il a *imprimé sciemment* ; c'est ce qu'il faudrait prouver, les règles établies ponr constituer la complicité sont donc violées dans le jugement.

Le ministère public dans son réquisitoire s'est étendu sur la situation de M. Dubuisson, dont il a relevé, avec une sorte de bonheur, le casier judiciaire : « M. Dubuisson, a-t-il dit, a subi *quarante condamnations !* » Oui, mais ce que M. le Procureur de la République aurait pu et dû dire, c'est qu'aucune de ces condamnations n'a été motivée pour manquement professionel, et l'on sait cependant quelles sont les obligations minutieuses et multiples auxquelles sont astreints les imprimeurs.

Eh bien ! M. Dubuisson est imprimeur depuis 25 ans, il est sorti de ses ateliers plus de 200 journaux, sans compter les ouvrages de science, d'art, de littérature, etc. Nous le demandons maintenant à la justice : un imprimeur qui, dans de semblables conditions, n'a encouru aucune condamnation pour avoir manqué à ses obligations professionnelles, mérite-t-il toutes les sévérités de la justice ? Nous ne le pensons pas.

Quant aux condamnations prononcées, elles sont toutes de la même nature : il a imprimé des journaux qui ont motivé des condamnations ; on l'a rendu complice en lui imposant, de par jugement, l'obligation de lire les journaux, ce à quoi aucune loi ne l'oblige pas.